ورق ورق چہرہ

(خاکے / تجزیے)

مصنف:

غلام ربانی فدا

© Taemeer Publications LLC

Warq warq Chehra (Khaake)

by: Ghulam Rabbani Fida

Edition: December '2023

Publisher :

Taemeer Publications LLC (Michigan, USA / Hyderabad, India)

ISBN 978-93-5872-643-5

مصنف یاناشر کی پیشگی اجازت کے بغیر اس کتاب کا کوئی بھی حصہ کسی بھی شکل میں بشمول ویب سائٹ پر اَپ لوڈنگ کے لیے استعمال نہ کیا جائے۔ نیز اس کتاب پر کسی بھی قسم کے تنازع کو نمٹانے کا اختیار صرف حیدرآباد (تلنگانہ) کی عدلیہ کو ہو گا۔

© تعمیر پبلی کیشنز

کتاب	:	**ورق ورق چہرہ** (خاکے / تجزیے)
مصنف	:	**غلام ربانی فدا**
تدوین / ترتیب	:	اعجاز عبید
صنف	:	خاکے
ناشر	:	تعمیر پبلی کیشنز (حیدرآباد، انڈیا)
سالِ اشاعت	:	۲۰۲۳ء
صفحات	:	۴۶
سرورق ڈیزائن	:	تعمیر ویب ڈیزائن

فہرست

	شخص و عکس: غلام ربانی فدا	ظہیر رانی بنوری	7
(۱)	اسلامی اقدار کا شاعر: عزیز بلگامی		10
(۲)	حسن ادا کا شاعر: حیدر مظہری		18
(۳)	سراپا زخم زخم: مبین احمد زخم		24
(۴)	جدتِ اظہار کا شاعر: ولی کرناٹکی		29
(۵)	دردمند راست گو شاعر: ظہیر رانی بنوری		37
(۶)	رومانی امانتوں کے امین: سورج کرناٹکی		42

انتساب

محمد زبیر قادری
اور
مدنی فاؤنڈیشن کے ذمہ داروں کے نام!

جن کی زندگیاں خدمت دین و قوم کے لئے وقف ہیں

غلام ربانی فدا

شخص و عکس: غلام ربانی فدا

ظہیر رانی بنوری

عالم اسلام کے مشہور نعت گو شاعر، ادیب و قلمکار جناب حافظ و قاری مولانا غلام ربانی فدا کی شہرت اب اُن کی خدمت نعت کے حوالے سے عالمی سطح پر دستک دے رہی ہے۔ اُن کے حالات زندگی، تعلیمی اور ادبی پس منظر کے بارے میں ایک جامع تعارف مندرجہ ذیل ہے:

غلام ربانی فدا کی پیدائش ہیرور (ضلع ہاویری) میں ہوئی۔ والدہ ماجدہ فیروزہ بانو شیوپور تعلقہ ہانگل کی متوطن ہیں اور والد جناب نور احمد اکی اپنے علاقے کے مشہور سیاسی لیڈر ہیں۔ ہیرور اور ڈانڈیلی (ضلع کاروار) حیدرآباد (دکن) میں تعلیم کے جملہ مراحل طے ہوئے تو حافظ قرآن و قاری کی سند ڈانڈیلی سے حاصل کی اور درس نظامی، بی اے، ڈپلومہ ان عربک کی حیدرآباد میں تعلیم مکمل کی۔ دین وادب کی خدمت سے جڑ گئے ہیں۔ اللہ رب العزت نے بہت ہی کم عمری میں بے پناہ شہرت عطا کی۔ نثر اور نظم میں تحریریں اخبارات ورسائل میں شائع ہوتے رہتے ہیں۔ خاص طور حمد و نعت کے فروغ کے لئے سراپا اضطراب ہیں۔ اسی بنا پر اگست ۲۰۱۰ میں آل انڈیا تحریک فکر نعت کی بنا رکھی۔ جس کا مقصد مستحق نعت گو شعرا کے مجموعہائے کلام شائع کرانا، ادب نعت کے حوالے سے مذاکرے، نعتیہ مشاعرے منعقد کرنا۔ خالص حمد و نعت کا رسالہ جاری کرنا ہے۔ مرکزی حمد و نعت اکیڈمی دہلی کے رکن اور حمد و نعت اکیڈمی شاخ ریاست کرناٹک کے

ریاستی صدر ہیں۔ اور ہندوستان کا پہلا حمد و نعت کا معیاری ادبی رسالہ جہان نعت کا اکٹوبر ۲۰۱۰ء میں ہری ہر سے آغاز کیا اور الحمد للہ جہان نعت مسلسل شائع ہو رہا ہے۔ جس کے ذریعے حمد و نعت کہنے والے شعرا کی فکر سازی کی جارہی ہے۔ عالمی سطح حمد و نعت کا پہلا ویب ورژن رسالہ دوماہی جہان نعت بھی شائع ہو رہا ہے۔ تمام شمارے انٹرنیٹ پر دستیاب ہیں جسے مشہور سائٹ گوگل پر jahan-e-naat کے الفاظ میں Search کیا جا سکتا ہے۔ شاعری کی ابتدائی دور میں جناب میکش اجمیری سے شرف تلمذ حاصل کیا۔ ریاست کے علاوہ بیرون ریاستوں کے مختلف اہم شہروں میں مشاعرے پڑھنے کے مواقع ملے۔ ملک و بیرون ملک کے رسائل و اخبارات میں کلام اور مضامین شائع ہوئے۔ اشاعت کا یہ سلسلہ ۲۰۰۵ سے آج تک جاری ہے۔ آل انڈیا تحریک فکر نعت کے زیر اہتمام اب تک درجن سے زائد کتابیں شائع ہو چکی ہیں۔

تصنیف و تالیف:

شائع شدہ:

"گلزار نعت"، "جلوہ گاہ طیبہ"، "شہر آرزو میں"، "قلم آشنا"، "آسان نماز"، "المؤمنات جلد اول"، "علامہ اختر کچھو چھوی فن اور شخصیت"۔

اس کے علاوہ نثر و نظم پر مشتمل مذہبی و ادبی ۲۲ کتابیں اشاعت کے منتظر ہیں۔

زیر قلم:

* سیرتِ رحمتِ عالم (منظوم)
* القرآن المنظوم (کلام اللہ کا لفظی اردو منظوم ترجمہ)
* قرآن اور کائنات (سائنس و تحقیقات)

اس کے علاوہ انٹرنٹ پر ادبی سرگرمیاں ۲۰۰۸ء سے جاری ہیں۔ گلبن ڈاٹ کام،

سخنور ڈاٹ کام، اردو بندھن ڈاٹ کام اور اردو جہاں ڈاٹ کام اور ہماری ویب ڈاٹ کام کا رکن ہیں اور ان سائٹس پر کلام و مضامین کی اشاعت کا سلسلہ جاری ہے۔

اعزازات:

فیضان رضا ایوارڈ ۲۰۰۹

حسان بن ثابت ایوارڈ ۲۰۱۰

ذمہ داریاں:

بانی صدر آل انڈیا تحریک فکر نعت ہیرور

صدر حمد و نعت اکیڈمی شاخ کرناٹک

ممبر مرکزی حمد و نعت اکیڈمی نئی دہلی

مدیر اعلیٰ جہان نعت ہیرور

سیکرٹیری الاشرفیہ ایجوکیشنل سوسائٹی

GULAM RABBANI FIDA
JAHAN-E-NAAT
C/o NOOR AHMED AKKI, Post: HIRUR,
Tq: HANGAL. Dist: HAVERI-581104
KARNATAKA (INDIA)
MOBILE; +91-9741277047
Email:
gulamrabbanifida@gmail.com
jahanenaat@gmail.com

(۱) اسلامی اقدار کا شاعر: عزیز بلگامی

جن کو تم شعر و سخن کی کہکشاں کہتے رہے
اصل میں قرطاس پر تھے، خامہ فرسائی کے داغ

مذکورہ بالا شعر عزیز بلگامی کا ہے مگر عزیز بلگامی کے خیال سے میں متفق نہیں ہوں، کیونکہ داغ تو ان کے لیے ہو سکتے ہیں مگر ان کا لکھا ہوا ہر ہر لفظ مجھ کو روشن اجالوں سے عبارت نظر آتا ہے۔ عزیز بلگامی کی شخصیت محتاج تعارف نہیں۔ مشاعرے، اخبارات و رسائل سے لے کر انٹرنیٹ تک ان کی چھاپ دکھائی دیتی ہے۔ عزیز بلگامی کے یہاں اسلامی اقدار کی پاسداری مقصد اولیں ہے۔ گو کہ عزیز بلگامی نے خال خال عاشقانہ شاعری بھی کی ہے۔ اس کی خصوصیت اول تو یہ ہے کہ شاعر کا احساس جمال نہایت تیز اور شدید ہے۔ انگریزی رومانی شاعر کیٹس(KEATS) نے اپنے ایک خط میں لکھا ہے کہ "ایک ادنیٰ مخفی اور ہلکا سا بھی احساس جمال میرے جسم کی رگ رگ میں ہیجان پیدا کر دیتا ہے"۔ عزیز بلگامی کا معاملہ بھی کچھ ایسا ہی ہے مگر اس ہیجان میں سنبھلی ہوئی کیفیت نظر آتی ہے اور اس کے اظہار میں رکھ رکھاؤ موجود ہے۔ قد و گیسو کی قیامت خیزیوں، لب و رخسار کی حلاوت اور چشم و ابرو کی فتنہ انگیزیوں کا ذکر اوّل تو ہے نہیں اور اگر ہے بھی تو اِس میں عامیانہ پن نہیں ہے۔ دوسرے یہ کہ ان کے عشقیہ اشعار میں مریضانہ کیفیت بھی نہیں ہے۔ ہمارے اکثر شعرا غزلوں میں اس امر کا اعادہ کرتے رہتے ہیں کہ عاشق مجبور محض، ناکام اور غم آلام میں محصور ہوتا ہے۔ محبوب کو ستم پیشہ، کج رو، بد دماغ اور تغافل شعار کہا جاتا ہے۔ لیکن عزیز کے کلام میں عاشق کی دوری و مہجوری اس کی

حیات کا تقاضہ ہے، محبوب کی ستم نوازشوں کا نتیجہ نہیں۔ اس عالم جدائی میں عزیز محبوب کی تغافل شعار طبیعت کا رونا نہیں روتے، بلکہ جذب و کیف، سرور و انبساط میں ڈوب جاتے ہیں۔ اس طرح قاری کی طبیعت پر بجائے افسردگی کے شگفتگی طاری ہو جاتی ہے۔ تیسرے یہ کہ ان شعروں میں عاشق کا رول ایک غیرت مند اور خود دار انسان کا کردار ہے۔ وہ در محبوب پر ناصیہ فرسائی نہیں کرتا اور محبوب ستم شعار ہوتے ہوئے بھی باوقار ہے، بے وفا اور ہرجائی نہیں۔ اِن کی تمام تر عشقیہ شاعری میں ضمناً بھی کہیں کسی "رقیب" کا ذکر نہیں ملتا اور ہو بھی نہیں سکتا، ظاہر ہے یہ ایک اسلامی اقدار کے پاسدار شاعر کی عشقیہ شاعری ہے۔ اس سلسلہ میں آخری نکتہ یہ ہے کہ اِن کے اس نوع کے شعروں پر مشتمل غزلوں کا محبوب ایک تصوراتی یا مثالی محبوب ہے جس کے حسن و جمال کو آب و رنگ، عشق نے بخشا ہے، اس کی تائید عزیز کے اس شعر سے ہوتی ہے:

مرے اشعار میں کچھ زخم مہکتے ہیں عزیز
یہ سبب ہے کہ مرے فن پہ بہار آئی ہے

معدودے چند عشقیہ اشعار کے اِس تذکرے کے بعد عزیز کی اُن غزلیات کی طرف توجہ کرتے ہیں جو اصلاً اُن کی فکر و نظر کا محور رہی ہیں، جن کو خالص سماجی و سیاسی صورت حال سے سروکار ہے۔ اس کی وجہ یہ ہے کہ عزیز جیسے طبعاً حساس شاعر اپنے ارد گرد کے ماحول سے متاثر ہوئے بغیر نہیں رہتے۔ عزیز کے ان اشعار میں جن کا تعلق اخلاقی و سماجی اقدار کی پامالی سے یا سیاسی زبوں حالی سے ہے، لہجے کی تندی، احتجاج، چیخ و پکار، گھن گرج، یا نعرہ بازی یا سوقیانہ بلند آہنگی نہیں ہے، بلکہ ان میں جرأتِ اظہار کے ساتھ ساتھ آہستہ آہستہ سلگنے کی کیفیت پائی جاتی ہے۔ ان اشعار میں اپنے موقف یا رد عمل کا اظہار شاعر نے سلیقہ مندی سے کیا ہے، جس طرح ایک نہایت ہلکا سا رنگ کسی

تصویر میں چمک پیدا کر دیتا ہے، اسی طرح چند علامات کے استعمال سے شاعر نے معنی آفرینی کا کام کیا ہے اور چند اشارے صورت حال کی افرا تفری، زمانے کے پیچ و خم اور وقت کے نشیب و فراز کی تصویر واضح طور پر نمایاں کر دیتے ہیں۔ یہ علامات ہیں: باغباں، گلشن، آشیاں، صیاد، گل تر، شمع، محفل، قفس وغیرہ۔ مادر وطن کی ترقی اور اس کی مادی، تہذیبی اور معاشی خوشحالی کے فروغ میں ہندوستان کی مختلف قوموں اور نسلوں کی جو قربانیاں شامل ہیں ان میں مسلمانوں کی قربانیوں کو جس طرح یکسر نظر انداز کیا جاتا رہا ہے، اس حقیقت کے اظہار میں شاعر کا لہجہ کرب انگیز بن جاتا ہے اور اُن کا تیور طنزیہ چاشنی سے بھرپور نظر آتا ہے:

کیوں کر مزاج صبح کو سب کے بدل گیے
اطوار محسنوں کے تو کل رات ٹھیک تھے

معاشرے میں موجود نفاق و افتراق کے درمیان فرد کی بے بسی، انحطاط پذیر سوسائیٹی کی ابتری و بد حالی اور آئے دن برپا ہونے والے فرقہ وارانہ فسادات کی ہلاکت خیزی کا عکس اس شعر میں دیکھئے:

ایک حسینہ ہے، تشدّد جسے کہتے ہیں عزیز
گرم رکھتی ہے بہت اہلِ وطن کا پہلو

جہاں طاقتور کی برتری و بالا دستی کی اساس محض کسی دوسرے کی کمزوری اور خستہ حالی پر استوار ہوتی ہو، اخلاقی اقدار کے زوال کے ایسے ایک نمونے کا عکس اس شعر میں ملاحظہ ہو:

"قوم زندہ ہے" یہ کہتے نہیں تھکتے تم لوگ
کیوں یہ تصویر بنی پھرتی ہے مجبوری کی!

اسی زوال پذیر معاشرے کی پیداوار ایسے افراد بھی ہوتے ہیں جو ذمہ دارانہ مناصب پر فائز رہتے ہوئے بھی ریاکاری اور منافقت کا پیکر بن جاتے ہیں:

متولیوں کو کس کی نظر لگ گئی عزیز
اب تک تو مسجدوں کے حسابات ٹھیک تھے

اشتراکیت کی یلغار نے دنیا کے سیاسی استحکام اور معاشی نظام کو تہہ و بالا کر کے رکھ دیا ہے۔ آج یہی اشتراکیت پارہ پارہ ہے۔ اس کے برعکس المیہ یہ ہے کہ خالص روحانی نظام بھی ملک، معاشرے اور افراد کی ترقی کا ضامن نہیں بن سکا ہے۔ ایک اِلٰہی نظام کو یکسر نظرانداز کر کے شخصیت کی نشو و نما ہو سکتی ہے نہ معاشرے کی۔ انسان کے متنوع مسائل کا واحد حل صرف اسلامی نظام میں ہے جو مادہ اور روح دونوں کے امتزاج میں توازن و اعتدال کو ترجیح دیتا ہے۔ اور نمونہ سیرت رسول صلی اللہ علیہ وسلم کا ہے۔ اس خیال کے اظہار کے لئے درج ذیل شعر غیر معمولی بصیرت اور دروں بینی کا ذریعہ بن گیا ہے:

اپنے خاموش سمندر میں بھنور پیدا کر
سیپیاں خالی نہ رہ جائیں گُہر پیدا کر

کائنات کے ذرّے ذرّے میں چونکہ عشق سرایت کئے ہوئے ہے چنانچہ انسانی نفوس کی اکملیت کا انحصار اِسی فطری عشق میں مضمر ہے، یہ عشق روحانی کی صورت میں متجلی رہتا ہے۔ لیکن درمیان میں جب ہوس کی منزل آجاتی ہے، جو حسن کا ایک تجسیمی تصور ہے تو یہی مقام ہوتا ہے جہاں عاشق کی نظر صرف قد و گیسو اور لب و رخسار تک محدود ہو کر رہ جاتی ہے۔ پھر یہی ہوس جل کر عشقِ روحانی میں تبدیل ہو جاتی ہے اور اس کا پہلا زینہ ہوتا ہے:

تلاش کُوچۂ جاناں کی چھوڑ دی میں نے
دماغ و دِل میں چمکنے لگی ہے حق کی کِرن
ذہن تھا سوچ میں جذبات ہوں پیدا کیسے
دفعتاً آئی صدا، دِل میں اُتر، پیدا کر
ابھی چشمِ کرم کی آرزو ہے سیر چشموں کو
ہو ممکن تو ہوس کے داغ دھولو، کیا تماشہ ہے

تمام اشعار میں مذہبی عقیدے کی سختی ہے، نہ بوجھل صوفیانہ مصطلحات کی فراوانی۔ یہ اشعار ایک اسلامی مبلغ کی سادگی، انسان دوستی اور حقیقت شناسی کے پرتو ہیں۔ غزلوں میں بدیع و بیان کا تصنع ہے، نہ ملمع کاری۔ نمود و نمائش اور الفاظ و تراکیب کے طمطراق سے دور دور کا واسطہ نہیں۔ ایک قلب بے ریا کی طرح یہ اشعار بھی سادہ و سلیس الفاظ مگر لطیف احساسات سے مملو ہیں۔ تلمیحات کا استعمال کم سے کم ہے۔ مفرس معرب الفاظ کے استعمال سے حتی الامکان گریز کیا گیا ہے۔ مشکل اور پیچیدہ تراکیب کی ترکیب سازی سے شاعر کی قوت ایجاد اور ذہنی اختراع کا پتہ چلتا ہے۔ مگر ان کے استعمال کی کثرت سے شعر کی لطافت مجروح ہوتی ہے۔ اس حقیقت سے عزیز صاحب خوب واقف ہیں۔ ترکیب سازی کلام عزیز میں ایک وسیلہ ہے ترسیل و ابلاغ کا، کلام میں گل بوٹے بنانے کا نہیں۔ اسی لئے کلام میں سہل ممتنع کے اشعار بیش از بیش ہیں اور یہ شاعر کی فنکارانہ ہنر مندیوں پر دال ہیں۔ اسی طرح تشبیہات و استعارات سے بھی کلام کو نہیں سجایا گیا ہے۔ زیادہ سے زیادہ صنعت تضاد سے کام لیا گیا ہے۔ تمام اشعار میں آرائش اظہار کے لئے کوئی شعوری کوشش نظر نہیں آتی۔

ان تمام غزلوں کے مطالعہ کے بعد یہ بات پورے اعتماد سے کہی جاسکتی ہے کہ یہ

شاعری خشک ہے نہ محض قافیہ پیمائی۔ اس کی وجہ صاف ہے۔ عزیز پر وجد اور سرخوشی کا عالم طاری ہوتا رہتا ہے۔ پایان کار کسی اسلامی شاعر کا کلام سپاٹ اور بے رنگ نہیں ہو سکتا۔ ان غزلوں میں جمالیاتی احساس کی شدت کے ساتھ عصری حسیت بھی بدرجہ اتم موجود ہے۔ یہ فیصلہ کرنا مشکل ہو جاتا ہے کہ یہ غزلیہ شاعری ہے یا لطافت احساس، غنائیت اور موسیقیت کا ایک سیل رواں۔ !!شعری اظہار میں غیر معمولی سرمستی اور والہانہ پن ہے۔ بعض غزلوں میں قافیے کی تکرار اور اس کے پھیلاؤ نے غزل کے حسن کو دوبالا کر دیا ہے۔ مجموعی طور پر کلام کی بنیادی خوبی یہ ہے کہ اپنے احساسات و مشاہدات و تجربات کی ادائیگی میں عزیز تغزل کا دامن ہاتھ سے نہیں چھوڑتے۔ بعض اشعار ملاحظہ ہو ں جہاں جذبہ و فکر کی آمیزش کو تغزل کے رنگ و آہنگ نے چمکا دیا ہے۔ یہ اشعار نہایت مترنم بحر میں ہیں:

زمیں بنجر ہے پھر بھی بیج بولو، کیا تماشہ ہے
ترازو پر خرد کی دِل کو تولو، کیا تماشہ ہے
ابھی تک گیسوؤں کے پیچ و خم کی بات ہوتی ہے
بھگولو، اب تو پلکوں کو بھگولو، کیا تماشہ ہے
ہم نے ہر شرط دُعاؤں کی کہاں پوری کی!
پھر بھی اُمید دُعاؤں کی ہے منظوری کی
معاملے میں تُو کردار کے نکھر تو سہی
تُو کارزار کے میدان میں اُتر تو سہی
لپٹ کے چومے گی تجھ سے، ترے قدم جنّت
اے نوجوان! کبھی راہِ حق میں مر تو سہی

فکر کی آنکھ سے او جھل تھا سُخن کا پہلو
بس اِسی واسطے تشنہ رہا فن کا پہلو
نظروں سے ہے او جھل تو، تعجب ہے تجھے کیوں
اِنصاف کا خوگر ہے تو محشر کو پر کھ مت
میں تو بس، دولتِ اخلاص کا شیدائی ہوں
اس لئے پیشِ نظر ہی نہیں دھن کا پہلو

غزلوں کے مطالعہ سے عزیز کی شاعرانہ مہارت و عظمت میں کسی کمی کا احساس پیدا نہیں ہوتا۔ مگر سچی بات یہ ہے کہ شاعر کے محسوسات، مشاہدات و تجربات کی اصل جولاں گاہ غزل ہے۔ یہ غزلیں چاہے عشقیہ ہوں یا صوفیانہ یا چاہے ان کا سروکار عصری حسیت سے ہو، ان کی سادگی میں گل پیرہنی، حزنیہ لہجے میں سرخوشی، نشاطیہ آہنگ میں رومانی غم انگیزی اور لفظوں کے پیچ وخم میں طنزیہ کاٹ کی آمیزش موجود ہے۔ عزیز کے صاف وشفاف اور بے داغ کتاب "دل کے دامن پر" کی طرح کلام میں بھی ابہام ہے نہ پیچیدگی نہ ژولیدہ خیالی۔

یہ اشعار ملاحظہ کیجئے اور انصاف کے ساتھ کہئے کہ عزیز کی شاعری آپ کے "دل کے دامن پر" کیا کھلبلی مچائی ہے:

کون کہتا ہے کہ مُردوں کو کفن دیتی ہے
اِن کی تہذیب مجھے ننگے بدن دیتی ہے
آزمائش کے لیے شرط ہے عالی ظرفی
زندگی سب کو کہاں دار ورسن دیتی ہے
ایسا نہیں کہ آپ کے جذبات ٹھیک تھے

سب کچھ تھا ٹھیک، جب مرے حالات ٹھیک تھے

زمانے سے چھپا رکھا ہے ہم نے سارے زخموں کو

ستم کے داغِ داماں تم بھی دھو لو، کیا تماشہ ہے

کچھ نظر آتا نہیں، کچھ بھی نظر آتا نہیں

ان کے چہروں پر اُبھر آئے ہیں بینائی کے داغ

اگر کوئی شخص یہ سوچتا ہے کہ عزیز بلگامی ہندوستان کے ہزاروں شعرا میں سے ایک اور شاعر کی اضافت ہے تو میرے خیال میں وہ سخت اندھیرے میں ہے۔ دراصل عزیز بلگامی ایک تحریک کا نام ہے، جس کا مقصد ادب میں اسلامی اقدار و روایات کی امانتداری و پاسداری ہے۔ جس میں وہ یقیناً اطمینان بخش حد تک کامیاب ہے۔ عزیز بلگامی اپنے شاعرانہ جنون میں حرف کو لفظ، لفظ کو معنی، معنی کو کہانی بنانے کا ہنر خوب جانتے ہیں۔ ان کے ہی شعر میں کچھ تصرف کے ساتھ قلم روکتا ہوں:

تم نے بخشا ہے تغزل کو تقدس کا جمال

ہر غزل تیری، ضمیروں کو چبھن دیتی ہے

(۲) حسن ادا کا شاعر: حیدر مظہری

ارض دکن کو یہ شرف حاصل ہے کہ یہ اردو کا ابتدائی مولد و مسکن ہے اور اردو کی جنم بھومی میں شعراء و ادبا کا ایک لشکرِ جرار ہے جو شعری و ادبی کاوشوں میں مصروف و منہمک ہے۔ کچھ لوگ نامور ہیں اور کچھ جادۂ ناموری پر مصروف سفر ہیں۔ ایسے اصحاب تگ و تاز میں حیدر مظہری کا اسم گرامی ہے۔ حیدر مظہری ایک ایسا شخص ہے جو کہنہ مشق اور پختہ کار شاعر ہونے کے علاوہ ایک درد منداوس احساس مزاج کا حامل ہے۔ اسے شعر کہنے کا سلیقہ ودیعت کیا گیا ہے۔ اس لیے شعر میں کہیں تکلف و سجاوٹ نہیں بلکہ ایک بے ساختہ پن ہے۔ ان کی نگارشات کا مطالعہ کرنے والوں کو محسوس ہو گا کہ ان کا سخن سادگی کے رنگ کا حامل ہے مگر اس میں جذبے کی تاثیر کی فراوانی ہے۔ جگہ جگہ شاعر کا شعری شعور رنگ جماتا ہوا نظر آتا ہے وہ قدم بہ قدم اپنے تجربات کی عکاسی کرتے ہوئے دکھائی دیتے ہیں ایک حد تک وضع دار بھی ہیں مگر بے تکلفی انہیں بہت پسند ہے۔ ان کی لفظیات میں ایک ارتقا کا عمل صاف دکھائی دیتا ہے۔ ان کی ترکیبات اپنے اندر ایک شان دلآویزی لیے ہوئے ہیں ان کی مستقل اور شعر و ادب کی عرق ریزی انہیں اپنے ہم عصروں سے کافی آگے لے گئی ہے۔

جو چیز اس کے کلام کو پڑھتے وقت قاری کو متوجہ کرتی ہے وہ اس کا فطری حسنِ ادا ہے۔ وہ شعر کچھ اس انداز سے کہہ جاتا ہے کہ داد دیے ہی بنتی ہے۔

کوئی بتلائے چراغوں کو ہوا کی نیت

جل اٹھے ہیں یہ سرِ شام خیر خدا کرے

٭

اسے ہی ان دنوں ویرانیاں بھی راس نہیں
جو شخص شہر میں بھی خال خال رہتا ہے

٭

راس آئے نہ راس آئے گلشن کی فضا دائم
بے وجہ سہی لیکن زنداں پہ نظر رکھنا

٭

بال آئے تو آئینہ دل کا
پھر کسی کام کا نہیں ہے کیا

یہی حسن ادا بعض اوقات اس سے ایسے چونکا دینے والا شعر کہلواتی ہے ہے جنہیں پڑھ کر آپ خود وجد کی کیفیت میں آ جاتے ہیں اور خوشگوار حیرت ذہن و دماغ پر طاری ہو جاتی ہے۔ یہ اشعار دیکھئے

پتھروں کا ہے شہر چپ ہو جا
زندگی کو پکارنے والے

پاسداری مل نہ پائے گی ترے فن کو یونہی
غم کی اس تصویر میں رنگِ حنا رہنے بھی دے

زمیں پر ہے متاعِ زندگانی
ستاروں میں جہاں کوئی نہیں ہے

جبر زیست شائد مڈل کلاس کا مقدر ہے۔ حیدر مظہری اسی جبر زیست کا شاعر ہے

زندگی ہے تو حادثے کتنے
ناگہاں ناگہاں نہیں ہوں گے

کرایہ دار نہیں تھا کسی محل میں کبھی
غریب تھا بھی تو اپنے مکان میں میں تھا

مگر زندگی کے اس جبر نے اسے جینا سکھایا ہے وہ خود بیں اور خود آگاہ ہے اور یہی احساس ذات زندگی کے اس خرابے میں اسے قوت حیات عطا کرتا ہے

ابھی ڈھلتے نہیں آنکھوں سے آنسو
ابھی سینے میں پتھر جاگتا ہے
حقیقت جھیلتے آگے بڑھے ہیں
فقط خوابوں کے بہلائے نہیں تھے

حیدر مظہری کی شاعری غیر روایتی شاعری ہے مگر اس نے اپنا رشتہ روایت سے توڑا نہیں اور سچی بات یہ ہے کہ احساس روایت کے بغیر اچھی شاعری جنم ہی نہیں لیتی۔ ان کے جو اشعار میں نقل کرتا آیا ہوں وہ روایتی ہرگز نہیں مگر روایت سے وابستگی کی دین ہیں۔ یہ بات تجربے کی نہیں احساس کی ہے۔

حیدر مظہری ایک سوچتے ذہن کا شاعر ہے اسے اپنے معاشرے کے تضادات، سیاہ دھبے، بونے قد، بلند بانگ نعرے سبھی کچھ سنائی دیتے ہیں اور دکھائی بھی۔ وہ ان پہ کڑھتا بھی ہے اور ہمیں آئینہ بھی دکھاتا ہے۔ قومی اور بین الاقوامی سطح پر جو نا انصافیاں، حق تلفیاں بلکہ انسانیت کی جو تذلیل ہو رہی ہے اسے اس نے محسوس بھی کیا ہے اور اس طرف متوجہ بھی کیا ہے اور اس پر طنز بھی کیا ہے۔

کبھی تو قوت کی بے پناہی اتارتی ہے زمیں پہ دوزخ
فرشتگی کے لباس ہی میں یہ آدمی بد خصال بھی ہے

ہر ستم گر کا نام لیتا ہے
پر زمانے کو بھول جاتا ہے
اور روتا ہے اپنی حالت پر
مسکرانے کو بھول جاتا ہے

لیکن اس صورت حال نے اسے انسان سے مایوس نہیں کیا۔ وہ احترامِ آدمیت کا شاعر ہے۔ انسانی عظمتوں کا معترف اور اس کے امکانات کا مبلغ

پیغامِ محبت ہی ہر دل کا اثاثہ ہے
ہر لمحہ محبت کے ساماں پہ نظر رکھنا

تمام عمر مسلسل اڑان میں میں تھا
بہت تھکا تھا مگر آسمان میں میں تھا

اڑانوں میں وہ شہپر لے گیا تھا

فرشتوں کا مقدر لے گیا تھا

زمیں پر کھینچ لے آئے مسائل
وہ خود کو آسماں پر لے گیا تھا

آدمیت کا یہی احترام ہے جس نے اسے محبت کا مغنی بنا دیا ہے۔ وہ محبت مانگتا اور محبت بانٹتا ہے۔ محبت کی تکرار اس کے کلام میں اس قدر ہے کہ بعض اوقات وہ مبلغ محبت نظر آنے لگتا ہے۔

ساری دنیا قحط زدہ سی لگے
کون خوشیوں کی بھیک ڈالے گا

مخالفت تھی تصادم تھا شور تھا حیدر
کہاں سکون تھا اک امتحان میں میں تھا

لیکن بات صرف موضوعات کی نہیں ہے بلکہ طرز ادا کی ہے شعر میں جان حسن ادا سے پڑتی ہے وہ حیدر مظہری کو خوب عطا ہوا ہے۔ جو ایسے شعر کہہ جاتے ہیں

کبھی نہ ترک محبت کی سوچئے حیدر
کہ زندگی ہے تو جی کا وبال رہتا ہے

اوروں کی طرح تیری قسم جی نہیں پائے
شامل نہ رہا درد تو ہم جی نہیں پائے

اک جہنم میں بھی ترو تازہ

دل ہے ایسا کہ پھول لگتا ہے

دفترِ اعمال میں لفظِ خطا رہنے بھی دے

آدمی ہوں تو مجھے تھوڑا بُرا رہنے بھی دے

تعلق اجنبیت کا تماشہ

محبت۔۔۔۔۔شاعری کی آبرو تھی

اس کی فنکارانہ بصیرت اور شعری قامت سے انکار ممکن نہیں۔ حیدر مظہری کو شعر کہنا آتا ہے۔ اور وہ اس آسانی سے شعر کہتا ہے کہ حیرت ہوتی ہے

(۳) سراپا زخم زخم: مبین احمد زخم

ریاست کرناٹک میں اردو ادب و صحافت کے میدان میں حیدرآباد کرناٹک کا علاقہ ہمیشہ ہی سے سرسبز و شاداب رہا ہے۔ بیدر، گلبرگہ، بیجاپور۔ رائچور اور یادگیر تک اردو زبان و ادب کا دربار عام ہے۔ جہاں کنڑا زبان کی حکومت ہوتے ہوئے بھی اردو کی بادشاہی مسلم ہے۔ اس علاقے کو یہ شرف بھی حاصل ہے کہ اردو زبان کی ابتدائی نشو و نما یہیں ہوئی۔ یہ علاقہ اس لئے بھی سبز و شاداب ہے کہ اس علاقے نے اردو کے لئے جیالے سپاہی اور نامور ہستیوں کو جنم دیا ہے جو تاریخ اردو کے زریں باب ہیں جن کے بغیر تاریخ اردو ادب مکمل ہو ہی نہیں سکتی۔ انہیں چاند تاروں میں سے ایک کا نام مبین احمد زخم بھی ہے۔ مبین احمد زخم ایک سچے اردو کے خادم، مخلص، بے غرض انسان ہیں۔ جن کو کسی اخبار و رسالے میں شائع ہونے کی خواہش نہ مشاعروں میں شرکت کی تمنا رکھتے ہیں۔

۱۹۹۵ میں الصمد ایجوکیشنل چارٹیبل اینڈ ویلفر ٹرسٹ کے نام سے ایک تعلیمی ادارہ قائم کیا جس کے زیر اہتمام مدرسہ وحیدہ نسوان کا آغاز کیا گیا۔ اگر زخم کے خدمات کا جائزہ لیا جائے تو معلوم ہو گا کہ قوم مسلم و اردو کا یہ جیالا سپاہی زخموں سے چور چور سے ہے۔ جسے آرام کی ضرورت ہے مگر سپاہی کی قسمت میں آرام کہاں؟ زخموں کی پرواہ کئے بغیر زخم اپنی نادیدہ منزل کی جانب رواں دواں ہے۔

شعبۂ صحافت میں ٹاپ نیوز (ہفت روزہ) اور سہ ماہی چراغ نور کے روح رواں بھی

ہیں۔ کئی اصلاحی، سیاسی۔ ورفاہی و عوام بہبودی تحریکوں سے وابستہ ہیں کسی کے رکن تو کسی کے صدر کے حیثیت سے۔

زخم سیاست دان ہوتے ہوئے اپنی شاعری میں نظر نہیں آتے زخم کی شاعری ایک زخم خوردۂ وفا کی شاعری ہے۔ وہ اپنی شاعری میں اتنی کثرت سے محبت کی باتیں کرتا ہے جس سے وہ مبلغ محبت نظر آتا ہے۔ میرے سامنے زخم کے کئی بکھرے ہوئے اشعار ہیں۔ میں حیرت و مسرت کے ملے جلے جذبات سے سرشار زخم کے فن اور شخصیت کے مطالعے میں مصروف زندگی کی تمام پرتوں کو محسوس کرتا ہوا کبھی غم ذات کی محرومیوں میں ڈوب کر ہجر و فراق کے تلخ لمحات میں محبوب کی بے رخی سے محظوظ ہوتا ہوں اور کبھی غم دوراں کی اذیت میں گم ہو کر ایک عجیب راحت محسوس کرتا ہوں۔ اُردو کے بیشتر شعراء کی طرح زخم نے اپنی شاعری کا آغاز غزل ہی سے کیا ہے۔ غزل ان کی محبوب صنفِ سخن ہے۔

زخم کی شاعری کو پڑھ کر ایسا محسوس ہوتا ہے ان کی شاعری میں ایک سچا اور حقیقی شاعر نشو نما پا رہا ہے۔ زخم کو اُردو زبان پر اہلِ زبان کی سی قدرت ضرور حاصل ہے۔ ہلکی پھلکی بحروں میں ان کا نرم لب و لہجہ بڑا ہی دلکش معلوم ہوتا ہے۔ ان کی عمر اور مشق کے لحاظ سے ان کے کلام کو عروضی اور لسانی اعتبار سے جانچنا میرے خیال میں قبل از بات ہو گی۔ جبکہ ہمارے یہاں دھڑا دھڑ جو مجموعے منظر عام پر آرہے ہیں اُن کے آئینے میں مشاق شعراء کا کلام بھی عیوب و اسقام سے ہرگز پاک نہیں ہے۔

وہ میرا ہو کے جب مرا نہ رہا
اور جینے کا حوصلہ نہ رہا
تم سے ہوئے جدا تو محبت بری لگی

کیا پوچھتے ہو کیوں یہ عبادت بری لگے

جب زخم ہرا ہوتا ہے
اک شعر نیا ہوتا ہے

کالی رات اور اجلا چاند
تنہا میں اور تنہا چاند

زخم کے چند اشعار نے تو بیک نظر میری توجہ کو جذب کر لیا ہے اور ان کے کلام میں وہ خوبیاں ضرور موجود ہیں جو اُردو غزل کی بہترین روایات کی مظہر ہیں اور سنجیدہ ترین اوصاف کی حامل ہیں۔ اُن کے تازہ غزلیہ کلام میں چند ایسے اشعار قابلِ توجہ ہیں جن کو مُشتے از خروارے کے طور پر پیش کر رہا ہوں۔ جن سے اُن کے مزاج و آہنگ کو سمجھنے میں آسانی ہو گی۔

بس مجھے ایک کام کرنا ہے
زندگی تیرے نام کرنا ہے

چاہتوں میں کمی نہیں ہوتی
خود سے یوں دشمنی نہیں ہوتی

لباس گل جو وہ تار تار کرتا ہے
عجیب شخص ہے کیا کاروبار کرتا ہے

عشق کو ہم خطا نہیں کہتے
آپ کو بیوفا نہیں کہتے

زمیں تم ہو آسماں تم ہو
غرض کہ سارا جہاں تم ہو

انتظار کی کیفیت کو بڑے سلیقہ سے پیش کیا ہے۔

رسم الفت ذرا یوں نبھایا کرو
بھول سے ہی سہی آیا جایا کرو

شعور کی ناپختگی کو صَرفِ نظر کر کے دیکھا جائے تو زخم کے یہ اشعار اُن کے خوش آئند مستقبل کے ضامن ہیں۔ زندگی کے حقائق کو ہلکے پھلکے انداز میں چھوٹی بحروں میں سمونا زخم کا کمال ہے۔

ہر غزل میں زندگی کے اقدار کی عکاسی اور تجربوں کا نچوڑ ملتا ہے۔ ایک اچھے شاعر کے لئے ضروری ہے کہ وہ روایت کا پاسدار بھی ہو اور جدید تقاضوں کا شعور بھی رکھتا ہو۔ زخم کے کلام میں ایسے بے شمار اشعار ملتے ہیں۔

شعر وہ بے مثال ہوتا ہے
جس میں تیرا خیال ہوتا ہے

زخم ایک خوددار انسان ہیں غریبی و مفلسی میں بھی ان سے ہاتھ پھیلایا نہیں جاتا اور محنت کو عبادت سمجھتے ہیں

اپنی تقدیر کو بنانے دو
مجھ کو محنت سے زر کمانے دو

یہ جُراتِ گفتار کا اقرار اور عزم شاعر کی ذہنی سطح کی بلندی کا پتہ دیتی ہے۔

آج اردو جن نا مساعد حالات سے گزر رہی ہے وہاں ایک ایسے نوجوان کی اُردو دوستی اور حالات کے پیش نظر اردو زبان و ادب کی خدمات قابل تحسین عمل ہے۔ زخم صاحب مبارکباد کے مستحق ہیں کہ انھوں نے اپنی مادری زبان نہ ہوتے ہوئے بھی اردو زبان سے بے پناہ محبت کا ثبوت دیا ہے۔ اس سے پیشتر جیسا کہ پہلے بھی عرض کیا جا چکا

ہے۔ زخم اپنی ادارت میں ایک سہ ماہی مجلہ "چراغ نور" شائع کرتے ہیں۔ زخم اپنے اشعار میں اچھے مضامین لاتے ہیں۔ بیشتر کلام زخم کے تازہ رنگِ سخن کا آئینہ دار ہے۔ میری رائے میں زخم کی شاعری میں ایک نئے ارتقائی قدم کی چاپ سنائی دیتی ہے۔ یہ تازہ رنگ و نکھار آگے چل کر کس حد تک بار آور اور خود زخم کیلئے کتنا مبارک و مسعود ثابت ہو گا۔ اسکے بارے میں کہنا مستقبل کے ادبی مورخ یا نقاد کے ہاتھ سے قلم چھین لینے کے مترادف ہو گا۔ میں زخم کے روشن مستقبل کے لئے بدرگاہِ رب العزّت دُعا گو ہوں۔

(۴) جدتِ اظہار کا شاعر: ولی کرناٹکی

جب بھی میرے سامنے ولیوں کا تذکرہ ہوتا ہے تو دو ولیوں کے تصاویر میرے حاشیۂ خیال میں ابھرتے ہیں۔ ایک وہ جس سے میرا تعلق ادبی اور تصوراتی ہے جسے اردو دنیاولی دکنی کہتی ہے۔ دوسرا وہ ہے جب ملتا ہے قلندرانہ شان و شوکت سے ملتا ہے جس کی ادبی خدمات کا دور نصف صدی سے بھی زیادہ پر محیط ہے جسے ارباب ذوق ولی کرناٹکی کہتے ہیں

یہ نصف صدی کا قصہ ہے یہ دو چار برس کی بات نہیں

شاعری سچائی، کشف، جستجو اور خوشبو بھرا جادہ ہے جس پر صدق، خلوص اور محبت یہ ایسے جذبے ہیں جن کے بغیر شعر کا جادو نہیں چلتا۔ شعر سے عطر آویز خوشبو پھوٹتی ہے رنگ جھلملاتے ہیں۔ یہ جادو یہ رنگ یہ خوشبو تخلیق کا کرشمہ ہوتے ہیں۔ ولی کرناٹکی کی شاعری میں یہ سب کچھ شامل ہے اس کی وجہ شاید ان کا انداز تفکر اور فنی جہات سے عبارت ہے جو ان کی شعری حیات میں ساتھ ساتھ رہتا ہے اور انہیں کہیں ڈگمگانے نہیں دیتا نہ ہی ان کے فن پر تشکیک کا سایہ پڑنے دیتا ہے۔

ولی کرناٹکی ایک حساس دل، فطرت شناس اور خوبصورت یادوں کا شاعر ہے۔ یہ محبوب کی یادوں سے میکدہ بناتا ہے۔ اس کی شاعری میں یادوں کی شبستاں میں سحر کا پیام ہے۔ ولی ایک ایسے معاشرے میں سانس لے رہا ہے۔ جس کی شاہراہیں طویل اور استحصال کے سنگ میل چار سو پھیلے ہوئے ہیں۔ مصلحت، جبر اور ہوس کے اس دور میں

انسان اپنی انا اور تشخص کے لئے کٹھن مراحل سے گزرنا پڑتا ہے۔

جب اٹھانا قلم کسی پہ ولی
اپنے آگے اک آئینہ رکھنا
آپ تزئین گلشن سے پہلے ولی
دل کو آمادۂ رنگ و بو کیجئے

ولی کرناٹکی کی شاعری میں حزن و ملال کی دھیمی دھیمی آنچ بھی محسوس ہوتی ہے۔ یہی اس کی صداقت ہے۔ ولی نے نظروں سے اوجھل چیزوں کو بھی شاعری میں شامل کر کے اپنی شاعری کو مزید نکھار دیا ہے۔

شام کو صبح بنانا ہمیں آتا ہے ولی
ہم کو قطرہ بھی جو ملتا اسے دریا کرتے
ہم نے سورج کی طرف داری نہ کی
ہم مجسم ہو کے بے سایہ ہوئے

ولی کی شاعری میرے لئے ہمیشہ ایک سوال ابھارتی ہے اور وہ کہ گہری سیاہی استعمال کرنے کے باوجود بھی اتنا روشن کیسے لکھ پاتا ہے۔ وہ دیکھتا بھی سیاہ ہے سوچتا بھی سیاہ ہے لیکن اس کا لکھا حرف حرف سوچا لفظ لفظ آفتاب کی طرح روشن ہے۔ وہ اوروں کی طرح نہیں لکھتا۔ وہ شاعروں کی طرح بھی نہیں لکھتا ہے وہ تو اپنا فرض ادا کر رہا ہے پوری سچائی اور ایمانداری کے ساتھ۔ محبت، وقت، تنہائی، آئینہ، اور سورج اس کے پسندیدہ موضوعات ہیں۔ بقول شخصے محبت جدائی کے بغیر مکمل ہے۔ محبت کے موضوع پر بات کرتے ہوئے وہ ہر فلسفہ کارد کر دیتا ہے۔

محبتوں کا وہ موسم ابھی کہاں آیا

الجھ رہی ہے ابھی دھوپ سائبانوں سے

محبت ہی تو بصارت کو بصیرت میں وحشت کو عبادت میں عداوت کو ریاضت میں ایسے تبدیل کرتی ہے کہ عمر کے شبستاں میں نئے رنگ و نکہت کے گلاب لہلہانے لگتے ہیں۔ جسم کی مٹی میں محبت کی شاخ گل جب جڑ پکڑتی ہے تو درویش کا جبہ کتنا ہی میلا کیوں نہ ہو اس کا وجدان خوشبو کے معجزے تخلیق کرتا ہے۔ اجالوں کی آیات تحریر کرتا ہے۔ کبھی سیاہ رات کی پیشانی پر کبھی باد صبح کی حیرانی پر۔۔۔۔ اک کیفیت حال ہے جو اندر کا آتشکدہ سرد ہونے نہیں دیتی۔ آہوں بھری سسکیوں سے سانسوں کی تسبیح ٹوٹنے لگتی ہے۔ ہڈیاں پگھلنے لگتی ہیں مگر ہستی میں مستی، فقیری میں بادشاہی نیاز مندی میں بے نیازی کا راز نہاں ہو جاتا ہے۔ صدیوں سے محبت پر بہت کہا گیا ہے اور کہا جا رہا ہے۔ مگر ولی کا یہ شعر دیکھیں۔

محبتوں کے وہ پیکر نظر نہیں آتے
یہ کیا ہوا کہ فرشتے ادھر نہیں آتے

ولی بے تحاشہ لکھتا ہے۔ پرانے الفاظ کو نئے معنی میں باندھ کر قاری کے دماغ میں پکنے کے لئے چھوڑ دیتا ہے، استعارات دماغ کے کاغذ سے بہتے ہوئے اوراق پر اترتے ہیں اور تب ایک روشنی انگڑائی لیتی ہے اور پھر وہی روشنی ولی کے دماغ کی تاریکیوں پر دلیل ٹھہرتی ہے۔۔۔ وہ سیاسی شاعر نہیں ہے اس کے کلام میں ایک بھی ایسا شعر نہیں ہے جو نعرہ بن سکے۔

لیکن اس نے انسان کے اندرونی حالات اس خوبی سے برتے ہیں کہ باہر کا آدمی صرف باہر ہی سے اندازہ نہیں لگا سکتا۔ وہ لاشعور کے نہاں خانے میں بیٹھ گیا ہے۔ گویا یہ جہنم اس کا اپنا دہکایا ہوا ہے۔

نہ رکھنا کوئی رشتہ پتھروں سے
ولی رہتے ہو تم شیشہ کے گھر میں
رنج و غم ہم کو وراثت میں ملے
اس اثاثے کو سنبھالا جائے گا

محبت شاعری کا عمومی اور غزل کا خصوصی موضوع ہے ولی کی شاعری میں بھی محبت اہم موضوع ہے۔ یہ اور بات ہے کہ ان کا محبوب ہرجائی ہے، ستمگر ہے،بیوفا ہے۔

تم آج جس کی رفاقت پہ ناز کرتے ہو
ہمارے ساتھ بھی یارو یہی زمانہ تھا
اس کے احسانات کی فہرست لمبی ہے مگر
اب کے وہ کیا گل کھلاتا ہے ستمگر! دیکھنا
صدمے تری فرقت کے اٹھائے نہیں جاتے
زخم اور دل زار پہ کھائے نہیں جاتے
سانحہ ہے زندگی کا یہ ولی
چھوٹ گیا ہے ان کا دامن ہاتھ سے
سر ہتھیلی پر لیے ہم آگ پر چلتے رہے!
یوں پڑی مہنگی ہمیں تیری شناسائی بہت

موخر الذکر شعر میں دو محاوروں کا برملا استعمال قابل غور ہے۔ وہ بات سے بات پیدا کرنے کا ہنر جانتے ہیں۔ شاعر خواب دیکھتے ہیں دراصل خواب ہی اس کی زندگی کا سرمایہ ہے۔ کیونکہ یہ خواب مثالی زندگی سے تعلق رکھتے ہیں اس لئے تو وہ زمین بانجھ ہوتی ہے جہاں خوابوں کی گنجائش نہیں ہوتی۔ ولی نے جو زندگی گزاری ہے۔ اس زندگی نے کچھ

حقائق بھی ان پر منکشف کئے ہیں اس نے اپنے مشاہدے سے کچھ نتائج بھی اخذ کئے ہیں اور ان کو خوبصورت شعری پیکر میں پیش کیا ہے۔

تشنگی لے آئی صحراؤں سے دریا کی طرف
موج کی صورت لب ساحل سے ٹکراتا ہوں میں

جو بھی مجھے ملا وہ فرشتہ صفت ملا
میں ڈھونڈتا ہوں اپنے برابر کا آدمی

سوچوں تو کئی تیر ہیں پیوست بدن میں
دیکھوں تو کہیں زخم دکھائی نہیں دیتا

ولی کرناٹکی چوں کہ ایک سچا اور کھرا انسان ہے۔ اس نے شاعری بھی انہیں خالص پیمانوں پر کی ہے اس کا ایک چہرہ ہے لہذا وہ سب دیکھنے والوں کو ہمیشہ ایک جیسا ہی نظر آتا ہے۔ اس کے ہاں تصنع یا بناوٹ نام کی کوئی منافقت اس سارے وجود میں کہیں نہیں ہے ہاں البتہ چہرے کی رنگوں میں تبدیلی ضرور ہوتی رہتی ہے اگر کبھی محبوب سے دوری اور ملک کے نامساعد حالات کے اذیت ناک احساس سے اس کے چہرے کے رنگ مدھم ہو جاتے ہیں، جس سے ولی کی شخصیت میں بلا نکھار ہے اور فن میں برسوں پختگی کہیں بھی قاری کے ذہن کو ایک پل کے لئے بھی ادھر ادھر ہونے نہیں دیتی۔

فرصت ملی تو ڈھونڈ ہی لیں گے خدا کو ہم
اب تو تلاش ہے کہ کوئی آدمی ملے

ہر اک دہلیز پر آہ وبکا ہر آنکھ میں آنسو
دلیل بربریت ہے درودیوار کی سرخی

اس طرح اب فسون غم زیست کو توڑ دو

غم تم کو چھوڑتا نہیں تم غم کو چھوڑ دو

ولی کرناٹکی کو مختصر بحریں مرغوب ہیں۔ مختصر بحر میں سہولت اور ابلاغ کے ساتھ شعر کہنا بہت مشکل ہے مختصر بحروں میں شاعری بھی ریاضت کی متقاضی ہے۔

ولی بات جلدی سے۔ اور کم لفظوں میں کہنا جانتا ہے اور عام زندگی میں بھی اس کی گفتگو کا یہی انداز ہے۔ اور شاعری میں بھی وہ کم سے کم الفاظ استعمال کرتا ہے۔ شاعری ایمائیت اور کفایت لفظی کا تقاضہ کرتی ہے اور یہی اظہار کی خوبی ہے اور یہ خوبی اس کے یہاں موجود ہے

پیڑ سے خالی جو بستی ہو گی
سایے سایے کو ترستی ہو گی

سال بھر موسموں کی چوکھٹ پر
پھرتی رہتی ہے دربدر دنیا

اشکوں سے ہیں سیر اب بہت دل کی زمینیں
یہ سارا علاقہ تمہیں بنجر نہ ملے گا

یہاں سب یوسفِ ثانی بنے ہیں
کسی کے پاس آئینہ نہیں ہے

غم کی شمشیر کو میان میں رکھ
اپنے سورج کو سائبان میں رکھ

ہم کو انجام وفا معلوم ہے
ہم کہاں ڈرتے ہیں نقصانات سے

پلٹ جاتے ہیں رحمت کے فرشتے
کوئی دیوار جب اٹھتی ہے گھر میں

اس میں آتی ہے وفا کی خوشبو
یہ مرے دیس کی مٹی ہو گی

میں کہاں آیا ستاروں کو لیے پلکوں پر
سب ہیں سورج کے پرستار خدا خیر کرے

آندھیاں کر رہی ہیں گھر کا طواف
کیا غضب ہو گیا دیار کھنا

مطربہ نغمۂ حیات نہ چھیڑ
زندگانی سسک رہی ہے ابھی

حرف آئے نہ کہیں آپ کی فیاضی پر
بھیک دیتے ہیں تو چہرے نہیں دیکھا کرتے

یہ کیسی مصلحت ہے کہاں کا جواز ہے
شیشے کی بستیوں میں ہے پتھر کا آدمی

اس کے یہاں اظہار کی جدت ہے لیکن روایت کے ساتھ مربوط۔ یہی خوبی قارئین کو متاثر کرتی ہے۔ ولی کرناٹکی نے شعبدہ بازی نہیں کی شاعری کرنے کی کوشش کی ہے اس لیے اس نے بڑی محنت و ریاضت کی ہے اس نے روایت سے رشتہ جوڑ کر اپنا اسلوب نیا بنانے کی کامیاب سعی کی ہے۔ اور

ہر کسی سے یہ دادِ سخن کی طلب
خود کو اتنا نہ بے آبرو کیجئے

خود دار ولی کسی سے صلے خواہش رکھتا ہے نہ داد کی امید۔ ولی کے یہاں داد کی طلب فن کو بے آبرو کرنے کے مانند ہے۔

(۵) درد مند راست گو شاعر: ظہیر رانی بنوری

جو بد زباں ہے کبھی خوش بیاں نہیں ہوتا
کہ اہل ظرف کبھی بد زباں نہیں ہوتا
(ظہیر رانی بنوری)

شعر گوئی جز وقت مشغلہ نہیں اور جس نے اسے جز وقتی سمجھ کر اپنایا ہو۔ اسے ترقی کے مدارج طئے کرنے میں بے حد وقت لگتا ہے۔ شعر گوئی قدرت کی جانب سے ایک تحفہ اور عطیہ ہے جو ہر کس ناکس کو میسر نہیں آتا۔ اس عطیۂ قدرت کو مزید صیقل کرنے کے لئے کوشش پیہم اور مشق کی ضرورت ہوتی۔ دراصل مشق و مسلسل مشق ایک ایسی ریاضت ہے جو دنیا کے دوسرے مسائل سے بے نیاز رہنے پر مجبور کرتی ہے۔ شعر گوئی بڑے حوصلہ اور عزم و ہمت کی خواہاں ہے۔ اپنے ضروری مشاغل سے پہلو تہی کر کے لیلائے غزل کے گیسوئے خمدار سنوارنا قیس ہی کا مشغلہ ہے۔ جذبات اور احساسات کو خوبصورت اور موزوں و مناسب الفاظ کے لڑیوں میں پرونا جوئے شیر کے مماثل ہے۔ شاعر حقیقی معنوں میں اپنے قاری اور سامع سے یہ توقع کرتا ہے کہ وہ تخلیق کی گہرا محسوس کیا اسے بجا طور پر پیش کر کے اپنے قاری و سامع کو بھی اپنا شریکِ خیال بنانا چاہتا ہے۔

ظہیر رانی بنوری دوستوں کے دوست اور یاروں کے یار قسم کے انسان ہیں۔ دوستوں پر جان چھڑکتے ہیں۔ اور دامے درمے ان کی مدد کرنے کو ہمہ وقت تیار رہتے

ہیں۔ دنیا میں ایسے لوگ بہت کم ہوں گے جو دوسروں کی خاطر اپنا نقصان تک کر لیتے ہیں۔ دراصل یہ ان کی طبیعت کا خاصہ ہے۔ پھر گھریلو ترتیب کا بھی اثر ہے کہ جس سے ایک بار مل لئے پھر اس سے اسی خلوص سے ن کا وطیرہ ہے۔ ان کی اس عادت و خصلت کا اظہار ان کی شاعری میں بھی پایا جاتا ہے۔ مزاج کی سنجیدگی، متانت اور بربادی ان کی رگ و پے میں رچی بسی ہوئی ہے۔ خلوص ان کا اوڑھنا بچھونا ہے۔ اس عہد میں ایسے لوگ کم بلکہ عنقا ہوتے جارہے ہیں۔ بغیر کسی منفعت اور فائدہ کی امید کے وہ اپنے ہر ملنے والے سے بڑی محبت سے ملتے ہیں۔ اور ان کی عزت و تکریم کا خیال رکھتے ہیں۔

وطن کی محبت ان کے جسم میں خون کی مانند دوڑتی پھرتی ہیں۔ یہ سرزمینِ ہند کو جنت ارضی دیکھنا چاہتے ہیں۔ اور یہی سبب ہے کہ مجموعہ قطعات میں ہندوستان کے حوالے سے اور موجودہ دورِ ظلم و فرقہ پرستی پر بیشتر قطعات قلمبند فرمائے ہیں۔ جس کا ایک قطعہ ان کے شاعر ہونے کی سند فراہم کرتا ہے۔

بگڑا ہوا مالی کا چلن دیکھ رہا ہوں
ہونے کو ہے برباد چمن دیکھ رہا ہوں
ہر سمت تشدد ہے فسادات مچے ہیں
خطروں سے گھرا میرا وطن دیکھ رہا ہوں

ظہیر رانی بنوری بڑے حوصلے اور عزم و ہمت کے انساں ہیں۔ اپنی گوناگوں مشغلیات اور موجودہ خرابیِ صحت کے باوجود شعر و غزل سے رشتہ استوار کئے ہوئے ہیں۔ حمد، نعت قطعہ۔ نظم، ہائیکو ماہیے، آزاد نظم، قومی و ملی نظمیں سبھی اصناف سخن میں طبع آزمائی کرتے اور اپنے ادبی وجود کا احساس دلاتے رہتے ہیں۔

اور ظہیر رانی بنوری بڑے زود گو شاعر ہیں۔ کبھی شعر کہنے سے ہمت نہیں ہاری اور

یہ ہو بھی نہیں سکتا۔ عجز و انکساری سے مزین یہ شخص محفلوں میں اپنے آپ کو نمایاں کرنے کا ہنر جانتا ہے۔ ان کے اشعار و افکار اور خیالات و نغمات ان کی شناخت کے ضامن ہیں۔ قطعات ظہیر؟ میں شامل ماہئے تجربے کی حد تک تو ٹھیک ہیں مگر قبولیتِ حلقۂ احباب ادب میں گنجائش نظر نہیں آتی۔

ظہیر رانی بنوری جز میں کل دیکھتے ہیں۔ اور اپنے قاری کو خیالات و افکار سے مالامال کر جاتے ہیں۔ ایمائیت و اشاریت میں وہ بہت کچھ کہہ جانے کے ہنر سے بخوبی واقف ہیں۔

اپنی صحبت میں دل نہ بہلے گا

صاف کہتے ہیں روٹھ جاؤ گے

ہم ہیں کڑوی حقیقتیں یارو

ہم جو بولے تو سہ نہ پاؤ گے

ظہیر صاحب کی ایک غزل تو ایسی ہے کہ جب بھی مشاعرے میں شریک ہوں تو سامعین اس غزل کی فرمائش کرتے ہیں اس کے چند اشعار یہاں پیش کر رہا ہوں۔ جو داد لئے بغیر آپ کی سماعت سے محو نہیں ہوں گے۔

ظلم جبر و جفا تمہارے پاس

ضبط صبر و رضا ہمارے پاس

منزلوں کا پتہ تمہارے پاس

گمشدہ راستہ ہمارے پاس

سیم وزر اور طلا تمہارے پاس

صرف ماں کی دعا ہمارے پاس

اور قارئین کے ذوق کے لئے چند منتخب قطعات پیش کرتا ہوں۔ اور فیصلہ آپ

چھوڑتا ہوں۔ مجھے یقینِ کامل ہے کہ ظہیر رانی بنوری کے افکار و خیالات آپ کے دل کی ترجمانی کررہے ہوں گے۔ کیوں کہ؟

جب فکر کی آتش میں پہروں کوئی جلتا ہے
تب ذہن کے پردے سے ایک شعر نکلتا ہے
(غلام ربانی فدا)

قطعات ملاحظہ ہوں۔

اتحاد ہے اگر تو سب کچھ ہے
سربلندی ہے اور شہرت ہے
اور اسی میں ہے عظمت ملت
اتحاد ایک عظیم طاقت ہے

*

دوستو پھوٹ اور نفرت سے
ہاتھ ہمارے نہ کچھ بھی آئے گا
پھوٹ اور اختلاف آپس کا
ہم کو اک دن تباہ کردے گا

*

جاؤ یادیں حسیں چھوڑ کر
ہے یہی مقصد زندگی
زیست فانی کا کیا اعتبار

آج ہے کل رہی نہ رہی

*

زندگانی کا یہ تقاضہ ہے
چھوڑ جاؤ حسین یادوں کو
آنے والا زمانہ دہرائے
اپنی عظمت کو اپنی باتوں کو

*

ایک ہم ہیں غم کے ماروں میں
غم الفت کے بے شماروں میں
اب تو یادیں ہیں اور تنہائی
ہم ہیں تنہا بھری بہاروں میں

*

چراغِ فن کو لہو سے کروں گا میں روشن
جہانِ فن رہے روشن انہیں اجالوں سے
ہر ایک دور میں قربانیاں دیا ہوں ظہیر
میں یاد آؤں گا ہر دور میں حوالوں سے

*

مجھے امید ہے فن کو لہو لہو سے روشن کرنے والے ظہیر جہانِ فن میں اسی روشن اجالوں اور بے لوث قربانیوں سے ہمیشہ یاد رہیں گے۔

(۶) رومانی امانتوں کے امین : سورج کرناٹکی

ہری ہر ضلع داؤ نگیرہ کا ایک چھوٹا سا سرسبز و شاداب مقام ہے اور آج اس مقام کی انفرادیت یہ بھی ہے کہ یہ شعر و ادب کا ایک اچھا مرکز بن گیا ہے یہاں نہ صرف اچھے لکھنے والے موجود ہیں بلکہ یہاں کے عوام میں ایک صحت مند ادبی ذوق بیدار ہو چکا ہے۔ ادب کی اس سر زمین سے ایک جواں سال شاعر سورج کرناٹکی اپنے پہلے شعری مجموعہ "صبح اُمید" کے ساتھ ادبی اُفق پر نمودار ہوا تھا۔ اب یہ نہایت ہی حوصلہ افزاء بات ہے کہ وہ پھر سے اپنے دوسرے مجموعہ کلام "کرشمۂ حیات" کو لیکر ایوان ادب میں داخل ہو رہا ہے

نقاش نقش اول بہتر کشد زِ اوّل کے مصداق یہ مجموعہ اپنی معنوی اور صوری خوبیوں کے ساتھ منصہ شہود پر جلوہ گر ہونے والا ہے۔

سورج کے پہلے مجموعہ صبح اُمید کے مطالعہ سے میں نے یہ بخوبی اندازہ لگا لیا ہے کہ یہ چشمہ ایک دن ضرور ایک دریا میں تبدیل ہو جائے گا۔ دوسرے مجموعہ کا پورا کلام تو میرے پیشِ نظر نہیں ہے صرف چند غزلیں میرے مطالعہ میں ہیں اور گاہے ماہے ریاستی اخبارات میں ان کی تخلیقات نظر سے گذرتی ہیں اور توجہ طلب ہوتی ہیں۔

اُردو کے بیشتر شعراء کی طرح سورج نے اپنی شاعری کا آغاز غزل ہی سے کیا ہے۔ جیسا کہ انہوں نے اپنے مجموعہ میں اس بات کا اظہار کیا ہے کہ غزل ان کی محبوب صنفِ سخن ہے۔

سورج کی شاعری کو پڑھ کر ایسا محسوس ہوتا ہے ان کی شاعری میں ایک سچا اور حقیقی شاعر نشو نما پا رہا ہے۔ سورج کرناٹکی کو اُردو زبان پر اہلِ زبان کی سی قدرت ضرور حاصل ہے

ہلکی پھلکی بحروں میں ان کا نرم لب و لہجہ بڑا ہی دلکش معلوم ہوتا ہے۔ ان کی عمر اور مشق کے لحاظ سے ان کے کلام کو عروضی اور لسانی اعتبار سے جانچنا میرے خیال میں قبل از بات ہو گی۔

جبکہ ہمارے یہاں دھڑا دھڑ جو مجموعے منظر عام پر آ رہے ہیں اُن کے آئینے میں مشاق شعراء

کا کلام بھی عیوب و اسقام سے ہر گز پاک نہیں ہے۔

سورج کے چند اشعار نے تو بیک نظر میری توجہ کو جذب کر لیا ہے اور ان کے کلام میں وہ خوبیاں ضرور موجود ہیں جو اُردو غزل کی بہترین روایات کی مظہر ہیں اور سنجیدہ ترین اوصاف کی حامل ہیں۔ اُن کے تازہ غزلیہ کلام میں چند ایسے اشعار قابلِ توجہ ہیں جن کو مُشتے از خروارے کے طور پر پیش کر رہا ہوں۔ جن سے اُن کے مزاج و آہنگ کو سمجھنے میں آسانی ہو گی۔

حوصلہ دِل کا ہر ایک گام بڑھانا ہو گا
اِک نیا شہر محبت کا بسانا ہو گا
چاہتے ہو یہاں پیغامِ مسرت گونجے
نفرت و یاس کی دیوار کو ڈھانا ہو گا
فلسفہ زندگی کا اتنا ہے
کام اوروں کے آنا مر جانا

کر کے وعدہ وفاؤں کا سورج
ہم کو آتا نہیں مکر جانا
زندگی کو سمجھ لیا ہم نے
شام کے ساتھ سائے ڈھلتے ہیں

یہ شعر واقعی بڑے خوبصورت ہیں ملاحظہ فرمایئے

حادثے ہر حسین چہروں کو
اک پل میں بگاڑ دیتے ہیں
شر پرستی کے تیز تر طوفاں
بستیاں سب اُجاڑ دیتے ہیں

میرے سینے میں بھی دل ہے مجھے احساس ہے اسکا
محبت میں مجھے اوروں کو تڑپانا نہیں آتا
میں صابر ہوں ہمیشہ صبر سے ہی کام لیتا ہوں
مجھے جذبات میں آ کر بہک جانا نہیں آتا

انتظار کی کیفیت کو بڑے سلیقہ سے پیش کیا ہے۔

ایک قیامت سی دل پے ڈھاتا ہے
وہ تیرے انتظار کا عالم
خط کوئی اُن کا آ گیا ہوتا
سانس راحت کی پا گئے ہوتے
آپسی نفرتوں سے شعلوں سے
جل نہ جائے کہیں یہ گھر اپنا

شعور کی ناپختگی کو صَرفِ نظر کر کے دیکھا جائے تو سورج کے یہ اشعار اُن کے خوش آئند مستقبل کے ضامن ہیں۔ زندگی کے حقائق کو ہلکے پھلکے انداز میں چھوٹی بحروں میں سمونا سورج کا کمال ہے۔

ہر غزل میں زندگی کے اقدار کی عکاسی اور تجربوں کا نچوڑ ملتا ہے۔ ایک اچھے شاعر کے لئے ضروری ہے کہ وہ روایت کا پاسدار بھی ہو اور جدید تقاضوں کا شعور بھی رکھتا ہو۔ سورج کے کلام میں ایسے بے شمار اشعار ملتے ہیں۔

رہوں گا کامیاب اک دن وفا کی راہ میں سورج
مجھے ناکامیوں پر اشک برسانا نہیں آتا

ہم سخن کے ناخدا کہلائیں گے
دیکھنا، ایک ایسا دن بھی آئے گا

یہ جُراتِ گفتار کا اقرار اور عزم شاعر کی ذہنی سطح کی بلندی کا پتہ دیتی ہے۔

''کرشمۂ حیات'' میں شامل بیشتر کلام سورج کرناٹکی کے تازہ رنگِ سخن کا آئینہ دار ہے۔ میری رائے میں سورج کی شاعری میں ایک نئے ارتقائی قدم کی چاپ سنائی دیتی ہے۔ یہ تازہ رنگ و نکھار آگے چل کر کس حد تک بار آور اور خود سورج کیلئے کتنا مبارک و مسعود ثابت ہو گا۔ اسکے بارے میں کہنا مستقبل کے ادبی مورخ یا نقاد کے ہاتھ سے قلم چھین لینے کے مترادف ہو گا۔ میں سورج کے روشن مستقبل کے لئے بدرگاہِ رب العزّت دُعا گو ہوں اور اُمید کرتا ہوں کے قارئین ان گُہرہائے بیش بہا سے ضرور فیضیاب ہو سکیں گے۔

***

مختلف مشہور ادبی شخصیات پر تحریر کردہ خاکے

یادیں

مصنف : سید مجاور حسین رضوی

بین الاقوامی ایڈیشن منظر عام پر آچکا ہے